この本を読むみなさんへ

伊藤賀一
（監修者）

　このシリーズは、「きみを強くする人権とSDGsの本」といいます。この題名から、「いったいどんな中身の本なのかな」と思った人も多いのではないでしょうか。「人権」と「SDGs」という言葉は、それぞれに聞いたことがあるでしょうが、その二つがなぜ結びついているのか不思議に感じたかもしれません。それに、どうして「人権とSDGs」が「きみを強くする」のか、わからないかもしれません。

　毎日の暮らしの中で、「人権」が関わっていることは、意外にたくさんあります。身のまわりのほとんどのことが「人権」と関係があるといってもよいほどです。家庭で安全に暮らすことができ、生きていくのに必要な食事や衣服などが手に入り、学校で勉強できる。国民が働くことでそれぞれの生活が安定し、社会全体が豊かになる。これらはすべて、「人権」が関係しているのです。

　「人権」とは、各個人が平等・自由であることを前提とした「人間らしく生きる権利」のことです。そんなの当たり前でしょ、と思うかもしれませんが、「人権」の尊重が当たり前のことになるまでには長い年月がかかりました。今でもじゅうぶんに「人権」が尊重されていない例は、日本にも世界にもあります。

　2015年に国際連合は、2030年までに世界をよくするための17の目標である「SDGs」を定めました。そこには、「人権」を守るための目標がたくさんあります。そこで、この本では「人権とSDGs」とを関連づけて考えることで、そのつながりをわかりやすく理解してもらえるようにしています。

　自分の意思を持って、自分らしく生きるには、強さが必要です。それは、自分やまわりの人を守ることにもなります。その強さを身につけるための方法のひとつが「人権」について深く知り、考えることだと思います。「人権とSDGs」が「きみを強くする」というのは、まさにこのことをさしているのです。

　また、「人権」を知ると、まわりの人たちを大切に思い、尊重するようになります。それは、みんなが幸せになり、SDGsが達成される社会の実現につながるはずです。

きみを強くする

人権とSDGsの本

しっかりとした自分の意思を持って、自分らしく生きていくためには、強さが必要です。強さを持つことで、自分自身やまわりの人々を守ることができます。その強さを身につける方法のひとつが「人権」について知り、考えることです。また、「人権とSDGs」を関連づけて考えることが、きみを強くすることにつながるのです。

監修 伊藤賀一

「人権」とは「人間らしく生きる権利」のことです。現在は、人権を尊重することは当然のことだと考えられています。しかし、今もじゅうぶんに「人権」が尊重されていない例は、日本にも世界にもたくさんあります。世界をよくする目標であるSDGsには、人権を守るための目標がたくさんあります。

この巻では、昔から現在に至るまでに、人類がどのように人権をとらえ、手に入れてきたのかをたどります。人権が私たちにとって当たり前のものになるまでに、人々がどのような努力を重ねてきたかを調べていきましょう。

2 調べよう！人権の歴史

小峰書店

この本に登場する仲間たち

ごくふつうの小学生たちと、なぞの宇宙人が、社会のさまざまな疑問にぶつかります。あなたも、いっしょに考えてみましょう。

ゾロメ
よくぼーっとしているが、考えごとが好き。

宇宙人
ゾロメのうちに住んでいる。宇宙から地球に来たらしいが、その目的はなぞ。

フーコ
なにかにおこっていることが多く、気が強い。

ムニエル
宇宙人の友だちののらネコ。

ガイチ先生
ゾロメたちの担任の先生。時にやさしく、時に厳しく教えてくれる。

2 調べよう! 人権の歴史

もくじ

きみを強くする人権とSDGsの本

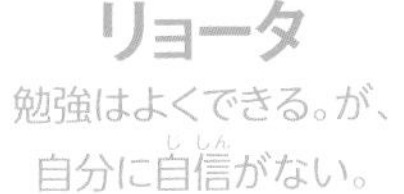

リョータ
勉強はよくできる。が、
自分に自信がない。

ヒロシ
サッカー少年。
自信家。

サヨコ
冷ややかな目で
人を見る。

※この本は、とくに断りのない限り、2022年2月時点の情報にもとづいています。

人権の広がり

人類の歩み

ヨーロッパ・アメリカ

狩猟生活の時代

人々はそれぞれに食べ物を手に入れ、自由に暮らしていた。

専制政治が続く

国が人民を圧迫・迫害する時代が続く。

専制政治に抵抗

皇帝・王の圧迫に抵抗する人々が現れる。

農耕・牧畜の起こり

文明が生まれ、身分の差が起こる。国ができ、皇帝・王や貴族が人民を支配する。奴隷になる人が現れる。

影響

人権思想が起こる

人は基本的人権（自由権・平等権）を持つとする思想が起こる。

日本

朝廷の支配

古代には、朝廷（大王と豪族、のち天皇と貴族）が国を治めていた。

現在、私たちは、「すべての人は、生まれながらに人間らしく生きる権利（人権）を持つ」と考えています。しかし、この考えは、もともとあったわけではありません。人権についての考え方はどのように生まれ、広がったのでしょうか。

自由権・平等権を得る

市民革命によって、自由権・平等権が認められるようになる。

影響

社会権を保障

人が人間らしく生きる権利（社会権）が保障されるようになる。

国際的に人権を保障

国際的な組織である国際連合（国連）が、人権を保障する役割を果たす。女性や子ども、社会的弱者、先住民族たちの人権が保障されるようになる。

幕府の支配

中世～近世には、幕府（武家政権）が国を治めた。

身分が固定される

江戸時代は、武士、農民などの身分が、ある程度固定されていた。

人権思想が伝わる

欧米から人権思想が伝わる。憲法で、人権をある程度保障する。

憲法で人権を保障

日本国憲法で、保障する人権の範囲が広がる。さらに新しい人権も登場する。

人権が守られていなかった時代

人権の考え方

人権とは、人が生まれながらに持っているさまざまな権利のことです。人権についての基本的な考え方は、一人ひとりが個人として尊重されること、自由に生きること、他人から命や財産をうばわれないこと、平等にあつかわれ、差別を受けないことです。

人類が農業を始めて集団で暮らすようになり、約5000年前に国家が誕生しました。しかし、その後も人権についての考え方は長らく存在しませんでした。

人間が人間らしくあつかわれないのはおかしいと考える人たちが現れることで、人権についての考え方がしだいに発展してきたのです。

個人として尊重される。

自由に生きられる。

人権の基本

平等にあつかわれる。

©PPS通信社

古代ローマで、貴族の食事の世話をする奴隷たち。
戦争で捕虜になった人などが奴隷となり、売買された。

古代の国の人権

古代の国の多くは、最も高い地位にいる皇帝や王が人々を支配するしくみでした。

国を構成する人々は、皇帝・王、貴族、聖職者（教会の関係者、僧など）、兵士、平民（農民や商人、職人など）といった身分に分かれ、平民の人権はほとんどかえりみられませんでした。皇帝・王は、絶対的な権力を持って自分の思い通りに国を動かし、政治や王たちを批判する者は命をうばわれることも少なくありませんでした。

古代ギリシャや初期のローマでは、皇帝や王を置かず、市民が国を治める民主政をとっていました。しかし、市民は貴族と平民に分かれ、市民のほかに奴隷もいたことなどから、人権が守られる社会とはいえませんでした。

人類の文明が発達し、国ができてからも、
長い間人権が守られない時代が続きました。

奴隷として連れ去られたアフリカの人々

15世紀末から、ヨーロッパの人々が世界各地に進出するようになり、アメリカ大陸にも到達しました。スペインは、16世紀前半に中南米に植民地を置くと、アフリカの原住民を送って植民地で働かせました。さらに、17〜18世紀に、オランダやイギリスなどによって、アメリカ大陸にサトウキビなどの農園がつくられるようになると、さらに多くのアフリカの人々がアメリカ大陸に送りこまれました。

かれらは、安い値段で売り買いされ、奴隷として重い労働をさせられました。このような奴隷は、19世紀までに1000万人以上もいたと考えられています。アフリカ原住民たちの人権は、まったくかえりみられなかったのです。

©PPS通信社

ヨーロッパ人によってアフリカから連れ去られる人々。アメリカ大陸に送られる途中で命を落とす人々も多かった。

人権宣言をしたキュロス大王

紀元前539年、古代ペルシャのキュロス大王（キュロス2世）が古代都市バビロンを占領しました。このとき、キュロス大王は奴隷を解放し、すべての人民には自分の宗教を選ぶ権利があると宣言し、さまざまな民族を平等にあつかうと定めました。この宣言は、円筒形のねん土板に記録されました。

これは世界初の人権宣言とされ、記録されたねん土板は、世界遺産に登録されています。

©PPS通信社

キュロス大王の人権宣言を記録した円筒形のねん土板。

専制政治への抵抗

国王の権力を制限する「マグナ＝カルタ」

中世の西ヨーロッパは、国王が臣下に土地をあたえ、臣下は土地の領主として農民を働かせ、税を得るしくみをとっていました。

11世紀以降のイギリス（イングランド）では、王が強い権力を持っていました。しかし、13世紀の初めに、ジョン王がフランスとの戦いに敗れて領地を失い、財政が困難になったため、国民に重い税をかけました。領主の貴族たちは、これに反発して、1215年に、王に勝手に課税できないことなどを認めさせました。この文書を「マグナ＝カルタ（大憲章）」といいます。

「マグナ＝カルタ」は法のひとつで、王といえども法に従わなければならないことを示す文書です。法が社会の最も基本になるとする「法の支配」の考えを表すものでした。

Cynet Photo

「マグナ＝カルタ」に署名するジョン王（いすに座っている人物）。

©PPS通信社

「マグナ＝カルタ」（写本）。文書は、ヨーロッパの古典語であるラテン語で書かれている。「マグナ＝カルタ」もラテン語。

「マグナ＝カルタ」は、「自由の大憲章」ともいうよ。

中世のイギリス（イングランド）で、国王の権力を制限する文書「マグナ＝カルタ」がつくられました。

人民の権利を認める

「マグナ＝カルタ」は、全部で63か条からなる長い文書です。その中には、王の権限を制限する内容のほか、「いかなる自由人も、その同じ身分の者の判決か、国法によるほかは、逮捕、監禁されたり、自由をうばわれたり、追放されたりすることはない」という内容が書かれています。ここでいう「自由人」とは、奴隷以外の人をさし、貴族や平民がふくまれます。また、女性の権利についても定められています。「マグナ＝カルタ」は、女性をふくむ人民の権利を保障するものでもあり、人権の歴史をたどる中で重要な文書です。

「マグナ＝カルタ」は、その後、停止されたり、改訂されたりしましたが、後の時代にも大きな影響をあたえました。

「マグナ＝カルタ」のおもな内容

教会は自由で、その権利をおかされることはない。

都市や港は自由であり、自由に関税をかけられる。

新しく課税するときは、高い位の聖職者と大貴族の承認を必要とする。

人民は、国の法によらなければ逮捕されたり、財産をうばわれたり、追放されたりしない。

イギリスのしくみを定める

イギリスには、日本のように文書としてまとめられた憲法（成文憲法）はありません。過去に出された法や、長い間の慣例にもとづいて国のあり方を決めています。

今から800年以上も前の13世紀初めにつくられた「マグナ＝カルタ」ですが、その精神は長く受けつがれ、現在のイギリスという国のしくみを決めるもとになっています。

「マグナ＝カルタ」制定800年を記念する行事に参列する現在のエリザベス女王（左から3番目）たち。

市民革命の時代

イギリス議会が「権利の請願」を提出

13世紀後半、イギリス（イングランド）では、位の高い聖職者、大貴族、州や都市の代表が参加する議会が開かれました。14世紀半ばになると議会は、位の高い聖職者と大貴族を代表する上院と、州や都市を代表する下院に分かれ、法律を定めたり、新しく課税したりする際には、下院の承認が必要となりました。

17世紀初めごろには、商工業の発達により市民が力をつけていました。これに対し、王のジェームズ1世は、王権は神から授かったものであり、人民にはしばられないと考え、議会を無視しがちでした。それは、ジェームズ1世の次のチャールズ1世も同じでした。

1628年、議会は、それまでのイギリスの法律で認められていた人民の権利の確認を、王に請願（お願い）する形で「権利の請願」を提出しました。その中で、王は議会の同意なしに新しい税を課せないこと、市民は、理由を示されずには逮捕されないことなどを確認しています。

王

王権は神からあたえられたもので、
人民にはしばられない!

©PPS通信社

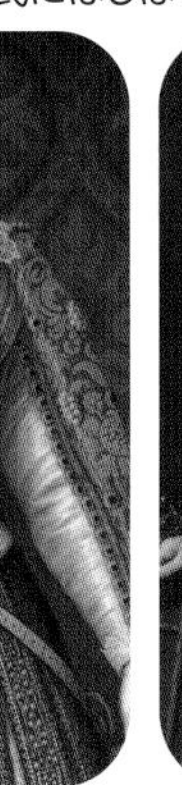

ジェームズ1世

©PPS通信社

チャールズ1世

議会

議会の同意なしに、新しい税を
課すことはやめてください。

権利の請願

それまでに認められていた人民の権利を確認。

ピューリタン革命が起こる

チャールズ1世は、その後も議会を軽んじたため、やがて、王の権威を重んじる人々と、議会を重んじる人々の間で対立が起こり、内戦に発展しました。1649年、クロムウェルが率いる議会派が戦いに勝ち、王を処刑して、共和政（人民が統治する政治）を打ち立てました。議会派の人々に、キリスト教のプロテスタントという宗派を信じるピューリタンが多かったことから、このできごとを、ピューリタン革命といいます。

Cynet Photo

王党派と戦う議会派の人々。

17世紀のイギリス（イングランド）では、市民による革命が起こり、市民の権利が拡大しました。

名誉革命で「権利の章典」を制定する

共和政を始めたクロムウェルでしたが、独裁体制をしいたために国民の不満が高まり、その死後に、再びチャールズ２世という王がむかえられました。しかし、チャールズ２世も専制的になって、議会と対立しました。

チャールズ２世のあとをついだジェームズ２世も王の権限を強める政治をしようとしたため、1688年に、議会はジェームズ２世を追放しました。議会は、議会や国民の権利を、「権利の宣言」としてまとめ、これを受け入れるウィリアム３世とメアリ２世夫妻を王としてむかえ入れました。

1689年の議会で、「権利の宣言」が「権利の章典」という法律として制定されました。

この政治の変化は、戦いがなく犠牲者が出なかったため、名誉革命と呼ばれています。

「権利の章典」のおもな内容

- 議会の同意なく、王が法を停止できない。
- 議会の承認なく、王が課税することはできない。
- 議員の選挙は自由である。
- 議会での言論の自由について、議会外で問題にされることはない。

立憲君主制の確立

ピューリタン革命と名誉革命を経て、イギリスでは、議会がつくる憲法に相当する法や法律が王に優先する政治のしくみが確立しました。このようなしくみを立憲君主制といいます。

名誉革命後のイギリスでは、国民が選挙で議員を選び、議員が議会で政治を決めることになりました。ただし、選挙権のある国民は財産のある男性に限られ、すべての国民の約５％だけでした。

人権思想の始まり

基本的人権のもとになったロックの思想

イギリスのロックは、人の自然状態は、公平に生命、自由、財産の権利を持っていると考えました。しかし、その状態では犯罪が起こってもつかまえられないので、権利を守るための政府の必要性を説きました。人が生まれながらにして生命、自由、財産の権利を持つという考えは、基本的人権につながるものです。

また、ロックは、政府が権力を持つのは国民が政府を信頼して預けたものだとしました。そのため、政府が国民の生命や自由、財産をうばうことがあれば、抵抗し、革命を起こすことで、新しい政府を立てることができると考えました。この考えは、イギリスでの革命を支持するものでした。

©PPS通信社

ジョン・ロック
(1632〜1704年)

イギリスの哲学、法学、政治学、経済学者。大学で哲学や医学を学ぶ。1683年にオランダに亡命し、名誉革命後にイギリスに帰国する。帰国後は執筆活動を行った。『統治二論』、『人間知性論』など。

人は、生まれながらにして、生命、自由、財産の権利を持つ。

国民は、政府に抵抗し、新しい政府を打ち立てる権利を持っている。

三権分立を唱えたモンテスキュー

フランスのモンテスキューは、あらゆる権力がひとりの人間に集中すると、権力をほしいままにふるうようになると考えました。著書の『法の精神』の中で、それを防ぐためには、権力を集中させないで分けることが必要だと主張しました。

これは、法律をつくる立法権、法律に従って政治を行う行政権、法にもとづいて争いを解決する司法権を別々にする考え方で、三権分立といいます。

三権分立は、後には多くの国の政治のあり方の基本と考えられるようになりました。

©PPS通信社

シャルル・ド・モンテスキュー
(1689〜1755年)

フランスの思想家。大学で法律を学ぶ。裁判官を務めながら、フランスの政治と社会を批判する本を書き、有名になる。約20年をかけて政治哲学書、『法の精神』を書いた。

権力の集中はさけるべきである。

立法権、行政権、司法権を分ける三権分立が望ましい。

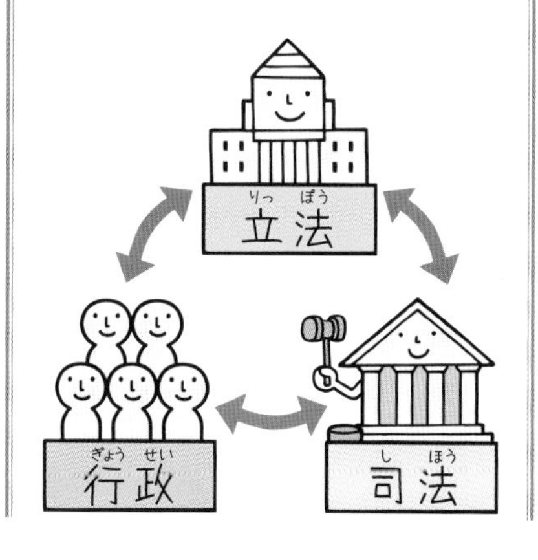

**人権を重要なものと考える人権思想が生まれ、
市民による革命に影響をあたえました。**

民主主義のもとになったルソーの思想

フランスで活やくしたルソーは、人は自然状態では自由、平等であり、あわれみの情によって幸福に暮らすが、人々が財産を持つことで、社会に不平等が起こると考えました。文明社会で、自由、平等、あわれみの情をいかにして回復させるかを求めました。

政府は、人民の身体と財産を守るためにあり、国の権力は人民にあると主張しました。また、人民全員が政治に参加する直接民主制を理想と考えました。

ルソーの考えは、後のフランス革命や、ほかのさまざまな国での民主主義のもとになりました。

ジャン・ジャック・ルソー
(1712～1778年)

フランスで活やくした思想家、文学者。少年時代は貧しく、放浪生活を送る。30歳でパリに出て、後に懸賞論文が入選して有名になる。『社会契約論』や、教育論の『エミール』など。

財産を持つことで不平等が生じる。

全員が参加する直接民主制が理想的である。

啓蒙思想が社会を変えることに

ロック、モンテスキュー、ルソーらの考えは、国王が国や国民を支配するという昔ながらの考えを、ものごとを正しくとらえ判断する「理性」によって改め、それを多くの人々に広めていこうとするもので、啓蒙思想と呼ばれます。

その背景には、西ヨーロッパ諸国で、市民が力を持つようになるとともに科学的な考えが広まっていたことがありました。

啓蒙思想によって、国王が絶対的な権力を持つことや、古くからの社会のしくみが批判され、革命によって人民の権利を守る国をつくろうとする動きにつながりました。

「理性」でものごとをとらえる
↓
古い考えを批判する
↓
革命で社会を変える

アメリカの独立革命

独立をめざすアメリカ

18世紀前半、北アメリカ大陸の東海岸には、イギリスからわたった人々による植民地がありました。18世紀後半、本国イギリスは、自国の商業や工業を保護するために、植民地の自由な貿易や工業の発展をおさえようとしていました。さらに、イギリスは植民地に対する税の取り立てを厳しくしました。

こうした動きに、植民地の人々は不満をいだき、本国からの独立をめざすようになりました。

©PPS通信社

1773年に起こったボストン茶会事件。植民地の人々のイギリスへの不満が現れた事件で、アメリカ独立革命のきっかけのひとつになった。

人の権利をまとめた「バージニア権利章典」

1776年６月、植民地の人々は、人が生まれながらにして持つ権利をまとめた「バージニア権利章典」を議会で採択しました。この宣言は、人が生まれながらにして持つ権利を初めて法として宣言したものです。

16か条からなり、自由、平等、財産を持つ権利などの基本的人権は、すべての人が生まれながらに持ち、だれにもうばわれないこと、政府は国民の信頼によって成立するもので、政府がそれに応えられない場合は、つくり変えられることが書かれています。

「バージニア権利章典」のおもな内容

すべての人は生まれつき自由で独立している。

財産を持ち、幸福と安全を求める手段を持って生命と自由を受ける権利は、うばわれることがない。

国の権力は人民にある。

バージニアは、北アメリカの植民地のひとつだよ。

18世紀後半に起こったアメリカの独立革命で、
人権を重んじる国が成立しました。

独立宣言と憲法の制定

©PPS通信社

1776年7月4日、アメリカの独立宣言が採択された。この絵は、独立宣言の原稿を、植民地の州の代表者が集まる会議(大陸会議)に提出する場面をえがいたもの。

1776年７月４日、植民地の代表は、フィラデルフィアで独立宣言を発表しました。人民の権利をおびやかす政府はつくり変えてよいとするロックの考えをもとに、トマス＝ジェファソンらが書いたものでした。

自由と平等は、人が生まれながらに持つ権利であり、それを認めないイギリスからの独立は正しいことであるとしています。

1787年には、アメリカ合衆国憲法が制定されました。この憲法では、アメリカ合衆国を人民主権の国と定め、権力が集中しないように三権分立を採用しました。宗教の自由や表現の自由など、人権の保障についての規定もあります。

「アメリカ独立宣言」のおもな内容

すべての人は平等につくられている。

生命、自由、幸福を追求する権利があたえられている。

人権を保障するために政府がつくられた。

政府が人権を保障しない場合は、新しい政府を組織できる。

「すべての人」にふくまれるのは…?

アメリカ独立宣言では、「すべての人」が平等とされていますが、ここでいう「すべての人」とは、白人男性に限られます。女性や黒人、アメリカ先住民はふくまれません。独立当時は、南部を中心に多くの奴隷が働かされていました。

フランス革命と人権宣言

フランス革命の始まり

18世紀後半のフランスでは、王と貴族が大きな権力をにぎっていました。国民の大多数をしめる平民のほとんどが農民でしたが、かれらは重い税を課され、苦しい生活を送っていました。また、富をたくわえ力をつけるようになった商工業者は、王たちに対して不満をつのらせていました。

このような中で、モンテスキューらの啓蒙思想が広まり、平民たちが権利を主張するようになりました。

1789年６月、平民たちの国民議会が開かれたのち、パリで民衆が立ち上がると、その動きは全国に広がりました。この後、10年にわたって、自由と平等にもとづく国づくりをめざすフランス革命が続きました。

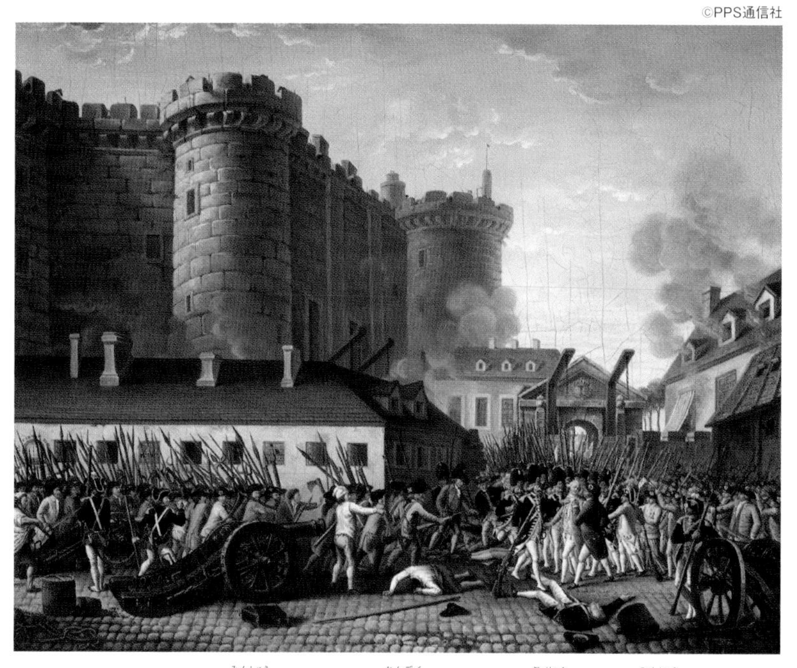

1789年7月14日、パリの民衆はバスチーユ監獄をおそった。武力によって民衆が立ち上がるきっかけとなった。

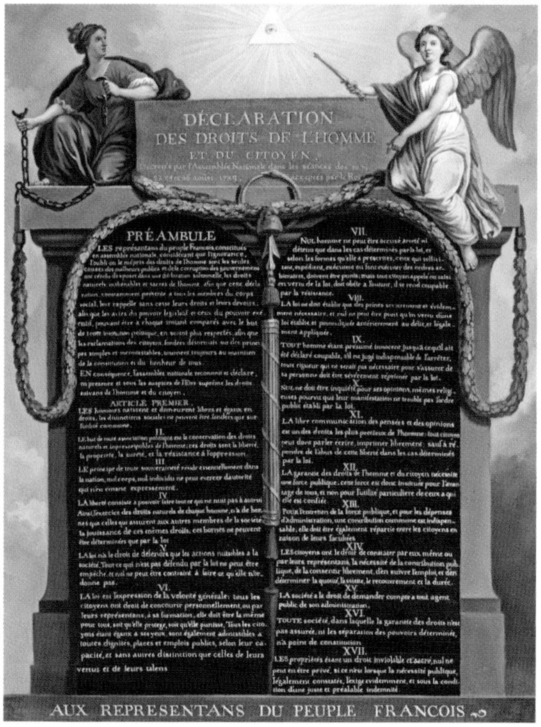
DÉCLARATION
DES DROITS DE L'HOMME
ET DU CITOYEN
PRÉAMBULE
ARTICLE PREMIER
AUX REPRESENTANS DU PEUPLE FRANCOIS

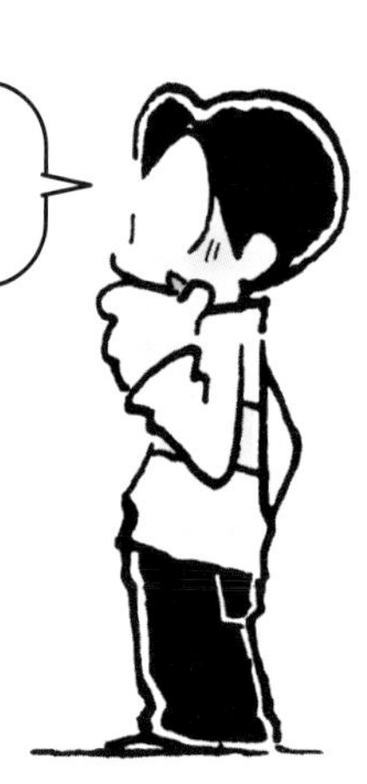

フランス人権宣言の絵。左側の女性は、古い政治のくさりを引きちぎる「フランス」を表す。右側の女性は、「法律」を表し、左手で人権宣言をさし示し、右手のしゃくで、「理性の最高の目」をさす。

議会が人権宣言を採択

1789年８月26日、国民議会は人権宣言を採択しました。アメリカ独立宣言と啓蒙思想を反映したもので、「フランス人権宣言」と呼ばれます。アメリカ独立戦争にも参加したラ＝ファイエットらが書き起こしました。

どんなことが書いてあるのかな。

フランス革命で採択された人権宣言は、
近代市民社会の原則を定めるものとなりました。

近代市民社会の原則となった人権宣言

フランス人権宣言は17か条からなり、その中では、すべての人は自由で平等であること、主権は国民が持つこと、言論の自由、私有財産はだれにもおかされないこと（所有権）などが宣言されています。

これらは、近代市民社会の原則を強くうったえるものとして、現在でも大きな意義を持っています。

フランス革命は、1791年に立憲君主制を定め、財産を持つ市民に選挙権をあたえる憲法を制定しました。さらに、王を退位させ、1793年には、男性全員に選挙権をあたえる憲法が制定されました。

「フランス人権宣言」のおもな内容

- 人は自由かつ平等なものとして生まれた。
- 自由、安全、所有権、圧政に対し反抗する権利を持つ。
- 主権は国民にある。
- 人は法の下で平等である。
- 思想と意見の自由。
- 権力を分立させる。

自由権と平等権が認められる

アメリカ独立宣言やフランス人権宣言では、人権のうちでも自由権と平等権について主張されました。

人間は生まれながらに自由であり、平等にあつかわれ、これらの権利は、だれにもおかすことができない基本的人権であるとするものです。

アメリカ独立革命やフランス革命を経て、これらの考えが広く世界で認められるようになりました。

19世紀以降は、さらに社会権を獲得する動きにつながっていきます。

社会権を明記したワイマール憲法

統一されたドイツ

現在のドイツは、もともとはいくつもの小国に分かれていましたが、19世紀半ばに、強国のプロイセン王国を中心に統一の動きが起こりました。

1862年にプロイセン王国の首相になったビスマルクは、軍備を拡張して近くの国との戦争に勝利をおさめ、統一をおし進めました。

1871年、プロイセン王国の王、ヴィルヘルム1世がドイツ皇帝となり、ドイツ帝国が誕生しました。ドイツ帝国は憲法を制定し、25歳以上の男子全員の普通選挙で帝国議会議員を選ぶしくみをとり入れました。しかし、長い間、ビスマルク首相が強い権力をふるい、議会の権限はおさえられていました。

©PPS通信社

1871年1月、ドイツはフランスとの戦争で、パリを包囲した。そのときにヴィルヘルム1世がヴェルサイユ宮殿で皇帝の座につき、ドイツ帝国が誕生した。

第一次世界大戦後に共和国に

1914年、ヨーロッパを中心として、世界の多くの国を巻きこむ第一次世界大戦が始まりました。ドイツは、オーストリアやオスマン帝国などと同盟を結び、イギリス、フランス、ロシア、日本などの連合国と戦いました。戦争は４年以上も続き、しだいにドイツなど同盟国に不利な情勢になりました。

1918年11月、ドイツでは民衆による戦争終結の運動が高まり、ドイツ皇帝ヴィルヘルム２世はオランダにのがれました。この革命により、ドイツは共和国となり、戦争は終わりました。

dpa/時事通信フォト

戦争終結をうったえて立ち上がったドイツの民衆。革命運動が全国に広まり、共和政の国が誕生した。

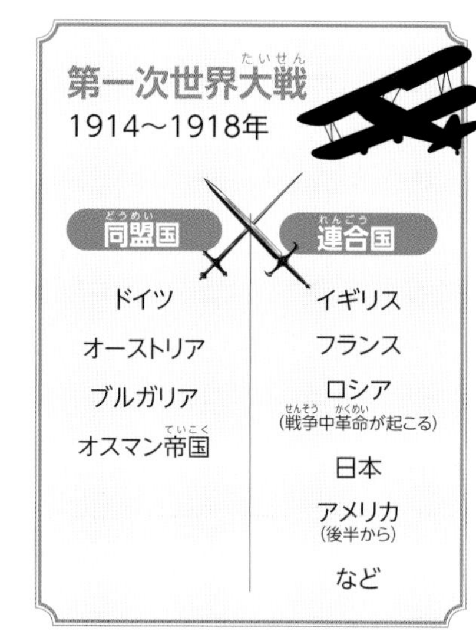

第一次世界大戦後のドイツでは、民主的な憲法がつくられ、
社会権についての規定がとり入れられました。

民主的な「ワイマール憲法」を制定

1919年、ドイツ共和国では国民議会が開かれ、民主的な憲法を制定しました。このときの国民議会がワイマールという都市で開かれたため、この憲法を「ワイマール憲法」と呼びます。

ワイマール憲法には、民主主義の考え方にもとづくさまざまな制度がとり入れられており、歴史上「最も民主的な憲法」だといわれています。

また、自由権、平等権のほか、すべての国民に人間らしく生きる生存権があるとして、初めて社会権にふれた憲法でした。ワイマール憲法は、その後の民主主義国に強い影響をあたえました。

「ワイマール憲法」のおもな内容

ドイツは共和国である。
国家権力は国民から発する。

議会は、ドイツ国民の選出する議員で構成される。

議員は満20歳以上の男女によって選出される。

経済活動の自由、労働者の団結権、
団体交渉権を認める。

経済活動は、すべての人に、人たるに値する生存を保障することをめざすものでなければならない。

ナチスが力をつけて消滅

ワイマール憲法は、たいへん民主的な憲法でしたが、大統領の強い権限を認めるものでした。緊急時には、大統領の命令によって、基本的人権に関する規定を停止することもできました。1930年代に、ヒトラーが率いるナチスが勢力を広げ、ヒトラーが大統領と首相をあわせた権限を持つ総統として権力をにぎると、ワイマール憲法は、実質的に消滅しました。

世界人権宣言の採択

第二次世界大戦での人権侵害

1939年、再び世界の多くの国を巻きこむ戦争が始まりました。ドイツ、イタリア、日本の、全体主義（個人の権利より国の利益を優先させる考え方）の枢軸国と、これに対抗するアメリカ、イギリス、ソ連などの連合国との間の第二次世界大戦です。ドイツは、占領した地域から何百万人もの人々を連行して強制的に労働をさせたほか、人種差別政策のもと、ユダヤ人を中心に大勢の命をうばいました。日本も、1941年からアメリカ、イギリス、オランダなどと戦争になりました。アジア各国に侵攻して資源をうばったほか、住民に残虐な行為を行いました。

©PIXTA

アウシュビッツ強制収容所。ドイツが占領したポーランドに建てられた。多くのユダヤ人たちを収容し、強制労働させ、命をうばった。

戦後、世界人権宣言を採択

1945年、第二次世界大戦は、アメリカなどの連合国側の勝利で終わりました。1945年10月、連合国を中心に、世界平和を守るための組織、国際連合（国連）が発足しました。

世界を巻きこむ二度にわたる戦争により、多くの犠牲者を出し、人権を侵害する行為が行われたのは、人権に対する考えが不十分だからとして、世界平和を守る基本は、人権を保障することだと考えられるようになりました。そこで、1948年12月10日の国連総会で、「世界人権宣言」が採択されました。

GRANGER/時事通信フォト

世界人権宣言は、国連人権委員会の委員長を務めたエレノア=ルーズベルト（アメリカ大統領だったフランクリン=ルーズベルトの妻）が起草した。写真は、世界人権宣言のポスターを持つエレノア=ルーズベルト。

第二次世界大戦後に発足した国際連合（国連）は、国際的に人権を尊重する世界人権宣言を採択しました。

基本的人権の尊重を国際的に宣言

世界人権宣言は、「すべての人民とすべての国とが達成すべき共通の基準」として採択されました。基本的人権の尊重を原則とすることを初めて国際的に宣言するものでした。前文と30か条からなり、すべての人が持つ政治的、経済的、文化的、社会的な分野での権利を明記しています。

世界人権宣言の内容は、その後の世界に大きな影響をあたえ、各国の憲法や法律にとり入れられています。

「世界人権宣言」のおもな内容

すべての人々の尊厳と、平等でゆずることのできない権利を認めることは、世界の自由と正義と平和の基礎である。

国際連合の諸国民は、基本的人権、人間の尊厳、および価値、並びに男女の同権について確認する。

すべての人間は、生まれながらにして自由であり、かつ、尊厳と権利について平等である。

すべて人は、人種、皮膚の色、性、言語、宗教、政治上その他の意見、国民的もしくは社会的出身、財産、門地※など、いかなる理由でも差別を受けることがない。

すべて人は、生命、自由および身体の安全に対する権利を持つ。

奴隷制度や奴隷売買は、どんな形でも禁止する。

※門地…家がら、生まれ。

世界人権宣言を条約に

世界人権宣言は、法的には各国が守らなければならないものではありません。そこで、世界人権宣言を基礎として、国際人権規約という条約がつくられました。1966年の国連総会で採択され、1976年に発効しました。

人権デーと人権週間

1950年の国連総会で、世界人権宣言が採択された12月10日が、人権デーと定められました。この日は、国連加盟国などに、人権についての思想を国内に広める行事を行うよう、呼びかけています。日本では、世界人権宣言が採択された翌年の1949年から、毎年12月10日を最終日とする1週間（12月４～10日）を人権週間としています。

法務省人権擁護局

人権週間のポスター。

自由民権運動と憲法制定

日本での人権思想のめばえ

江戸時代までの日本では、人権についての考え方はほとんど存在しませんでした。江戸時代には、人々は身分に分かれ、武士が農民や町人らを支配していました。

明治時代（1868～1912年）に新しい政府ができ、社会のしくみが大きく変わりました。身分の差はなくなり、家がらによって職業が決められることもなくなりました。また、それまで禁じられていたキリスト教を信仰することも許されました。

ヨーロッパからさまざまな文化とともに、人権についての考え方ももたらされました。西洋の文化などを紹介した福沢諭吉は、1872～76年に刊行した『学問のすゝめ』で、「天は人の上に人を造らず人の下に人を造らずといへり」と記して人権思想を紹介し、自由の精神を養うことが大切であると述べています。

福沢諭吉
（1834～1901年）
アメリカやヨーロッパにわたり、西洋の知識を日本に伝えた。

出典：国立国会図書館「近代日本人の肖像」

公益財団法人 日本近代文学館

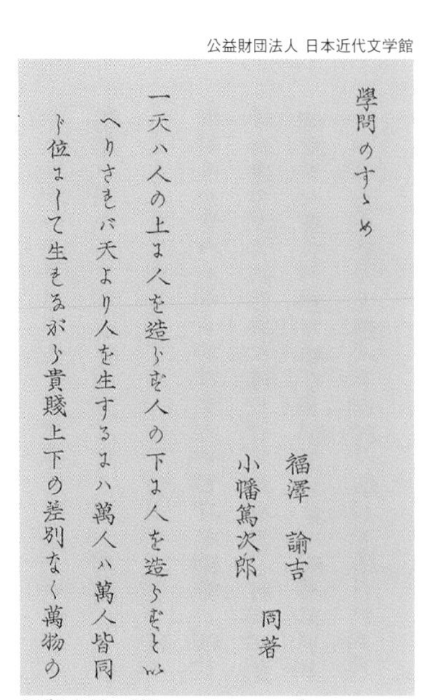

學問のすゝめ

福澤 諭吉
小幡篤次郎 同著

一天ハ人の上ニ人を造らず人の下ニ人を造らずと云
へりされバ天より人を生ずるニハ萬人ハ萬人皆同
じ位ニして生れながら貴賤上下の差別なく萬物の

福沢諭吉が著した『学問のすゝめ』。

自由民権運動の高まり

明治時代初期、近代的な国のしくみを整えようとする中で、国民が選んだ議員による議会を開き、憲法を制定しようとする自由民権運動の動きが高まりました。1874年、土佐藩（高知県）出身の板垣退助らは、議会の早期開設を政府に要求しました。その後、自由民権運動の高まりにより、政府は、1890年に国会を開設することを約束し、それに先立ち、憲法を制定する準備を始めました。

東京大学法学部附属明治新聞雑誌文庫

自由民権運動の演説会。政府に都合の悪い発言をすると、警官に中止させられることもあった。

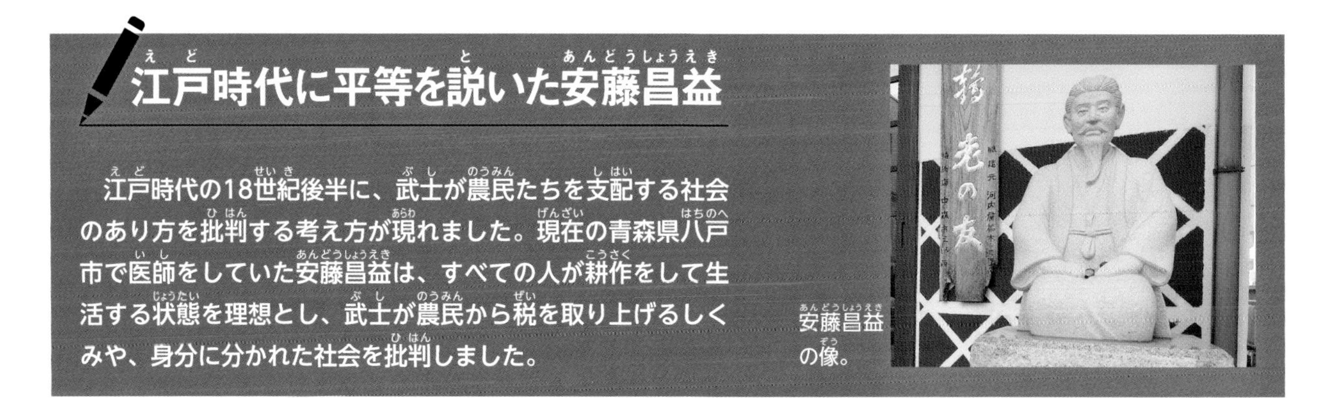

江戸時代に平等を説いた安藤昌益

江戸時代の18世紀後半に、武士が農民たちを支配する社会のあり方を批判する考え方が現れました。現在の青森県八戸市で医師をしていた安藤昌益は、すべての人が耕作をして生活する状態を理想とし、武士が農民から税を取り上げるしくみや、身分に分かれた社会を批判しました。

安藤昌益の像。

日本で人権についての考えが広まったのは、西洋の思想が伝わった明治時代のことでした。

大日本帝国憲法を発布

政府は、憲法を制定するにあたって、欧米の憲法を調べ、その中で皇帝に強い権限を持たせているドイツの憲法を参考にしました。

1889年、東アジアで初めての憲法である「大日本帝国憲法（明治憲法）」が発布されました。この憲法は、天皇が定めて国民にあたえるという形式でした。国の主権は天皇にあり、天皇が強い権限を持つと定められていました。

国民は、「臣民（天皇が支配する国民）」とされ、所有権をおかされないこと、信教の自由、言論・著作・集会・結社の自由が認められていました。これは、日本で初めて人権を保障するものでしたが、臣民の権利が簡単に制限されたほか、男女の権利のちがいなどの差別もありました。

1889年、大日本帝国憲法発布の式典。国をあげてのお祝いだったが、ほとんどの国民は、憲法がどういうものか理解していなかった。

「大日本帝国憲法」のおもな内容

- 大日本帝国は万世一系の天皇が統治する。
- 天皇は神聖にしておかすべからず。
- 天皇は国の元首にして統治権を持つ。
- 天皇は陸海軍を指揮する。
- 日本臣民は兵役と納税の義務を負う。
- 日本臣民は法律の範囲内で居住・移転の自由を持つ。
- 日本臣民は法律の範囲内で言論・著作・集会・結社の自由を持つ。

大日本帝国憲法では、自由権はある程度保障されていたが、社会権にはふれられていなかったよ。

社会運動と護憲運動の動き

労働運動の起こりと高まり

明治時代後半に工業が行われるようになると、工場で働く人が増えました。当初は貧しい家の女子が多く、安い賃金で1日15時間以上も働かされていました。鉱山などではおもに男性が働いていましたが、工場労働者と同じく、長時間労働をさせられていました。

1895年ごろから、このような状況を改善する要求が起こり、ストライキの実施、労働組合の結成などが行われました。

大正時代には、工業などがさらに発展し、労働者が増えました。労働組合の全国組織である友愛会（後の日本労働総同盟）が結成され、労働者の地位の向上をめざしました。

朝日新聞社/時事通信フォト

明治時代の紡績工場のようす。

公害問題の発生

佐野市郷土博物館

足尾銅山の鉱毒問題を、明治天皇に直訴しようとする田中正造。

鉱工業がさかんになると、公害問題が起こるようになりました。

1891年、栃木県の足尾銅山からの鉱毒が渡良瀬川に流れこみ、農業や漁業に被害が出る事件が起こり、長く社会問題となりました。被害にあった住民たちは、東京でこの問題をうったえましたが、警官隊におさえられました。栃木県選出の衆議院議員だった田中正造は、議会で問題にするとともに、世の中に広く伝えました。しかし、政府の対応は不十分で、田中は議員を辞職して天皇に直接うったえようとしましたが、失敗に終わりました。その後も田中は、生涯を通じてこの問題に取り組みました。

労働運動の取りしまりと労働環境の改善

さかんになる労働運動に対し、政府は、1900年に治安警察法を制定し、労働者の団結権やストライキ権を制限しました。そのいっぽうで、労働環境を改善するため、1911年に工場法を制定しました。工場法は、日本初の労働者を保護する法律でしたが、その内容は不十分なものでした。

労働運動がおさえこまれることになったよ。

明治時代後半からさまざまな社会問題が起こり、大正時代には、人権拡大をめざす運動がさかんになりました。

大正デモクラシーと護憲運動

大正時代（1912〜26年）には、天皇主権のわく内で市民的自由を求める国民の声が高まりました。これを、大正デモクラシー（デモクラシーは民主主義の意味）といいます。

それまでの政治は、明治維新に功績のあった薩摩藩（鹿児島県）や長州藩（山口県）など出身の一部の人々が動かしていましたが、より国民の考えを反映し、憲法の精神にもとづく政治をめざす護憲運動が起こりました。それにより1918年には、初めての本格的な政党内閣（衆議院の与党の党首が首相として組閣する内閣）が誕生、さらに1925年には、25歳以上の男子が衆議院議員の選挙権を持つ普通選挙法が成立しました。

朝日新聞社／Cynet Photo

1913年、憲法を無視した政治を行う内閣に抗議し、民衆が国会を取り囲んだ。この騒動の責任を取って、内閣がたおれた。

社会的な差別とのたたかい

社会的に差別されていた人々の権利の拡大をめざす運動も起こりました。

1911年に、平塚らいてうが女性の権利拡大や女性解放をめざす青鞜社を結成しました。また、1920年には、平塚や市川房枝などを中心に、女性の参政権などを要求する新婦人協会が設立されました。

また、被差別部落出身者への差別をなくそうとする運動もさかんになり、1922年に全国水平社が結成されました。

公益財団法人 日本近代文学館

青鞜社が発刊した雑誌「青鞜」。冒頭で、女性が弱い立場にあることが述べられた。

公益財団法人 日本近代文学館

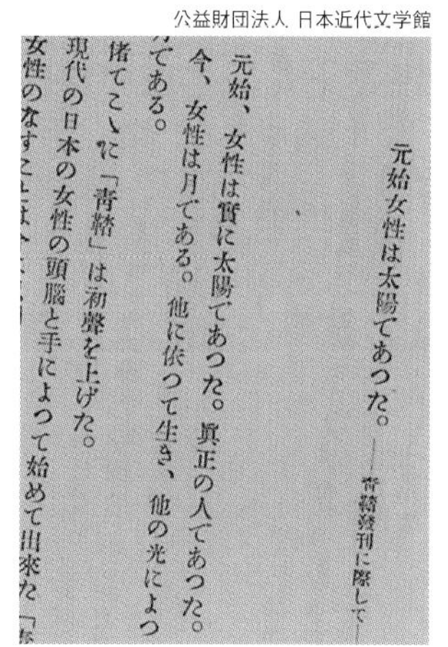

元始女性は太陽であつた。——青鞜発刊に際して——

元始、女性は實に太陽であつた。眞正の人であつた。
今、女性は月である。他に依つて生き、他の光によつ
である。
偖てこゝに「青鞜」は初聲を上げた。
現代の日本の女性の頭腦と手によつて始めて出來た

人権が制限される時代へ

昭和時代になると、軍部の力が強くなり、1931年に始まった中国との戦争が長引く中で、国や戦争に反対する意見や行動が厳しく取りしまられるようになりました。

1938年には、産業や経済など、国民生活を戦争のために統制する国家総動員法が制定されるなど、人権も制限されました。

朝日新聞社/PPS通信社

1938年からかかげられたスローガン。戦前から戦中にかけて、国民生活が制限された。

日本国憲法の制定

日本の占領と人権指令

1941年12月、日本とアメリカ、イギリス、オランダなどとの間で太平洋戦争が始まりました。当初、日本はアジア各地を占領しましたが、しだいに不利な情勢になり、1945年８月に日本の降伏で戦争が終わりました。

戦後の日本は、連合国に占領されることになりました。アメリカを中心とした連合国軍最高司令官総司令部（GHQ）の指令のもと、新しい日本の国のしくみがつくられることになりました。

GHQは、1945年10月に、それまで国民を取りしまっていた法律や制度を廃止し、思想や言論の自由などを認める指令を出しました。これを、人権指令といいます。

朝日新聞社/時事通信フォト

敗戦後、日本はアメリカを中心とする連合国に占領された。交差点で交通整理をするアメリカの軍人（東京・銀座）。

民主化の指令

朝日新聞社/PPS通信社

戦後初めての衆議院選挙で投票する女性。

GHQは、日本を民主的な憲法のもとで民主化させ、再び戦争を起こさない国にすることをめざしました。

まず、女性の参政権の導入、労働組合の結成をうながすこと、教育制度の改革、秘密警察（政府への批判を取りしまる、活動を秘密にする組織）の廃止、経済のしくみの民主化を指示しました。

1946年４月に行われた戦後初の衆議院選挙では、20歳以上の男女が投票し、初めての女性議員も誕生しました。

現在は、18歳以上の男女が選挙権を持っているよ。

連合国との戦争に敗れた日本は、民主的な国としての
歩みを始め、新しい憲法が制定されました。

GHQの案をもとに新憲法を制定

GHQの指令を受けて、政府は新しい憲法の案を作成しました。しかし、この案は大日本帝国憲法とあまり変わらないものだったため、GHQが案をつくり、1946年２月に日本政府に示しました。政府はこれに手を加えて発表し、1946年11月３日に公布され、翌年の1947年５月３日に施行されました。これが、現在の「日本国憲法」です。

日本国憲法は、国民主権、平和主義、基本的人権の尊重を原則としており、国民の人権が大はばに拡大することになりました。

日本国憲法の精神にもとづいて、民法や刑法をはじめ、多くの法律が改正され、新しい法律も制定されました。これにより、男女同権、裁判での人権の尊重などが定められました。

朝日新聞社/PPS通信社

日本国憲法の公布を祝う記念祝賀会。

大日本帝国憲法と日本国憲法のちがい

大日本帝国憲法		日本国憲法
天皇	主権者	国民
国の元首、国を統治する、軍隊を率いる	天皇	日本国と日本国民統合の象徴
臣民としての権利（自由権のみ）が認められるが、法律で制限される	国民の権利	基本的人権を尊重（自由権、平等権、社会権など）
兵役、納税、教育（別の法律で義務とする）	国民の義務	勤労、納税、子女に教育を受けさせる
天皇が軍を指揮する、徴兵制	戦争と軍隊	戦争放棄、戦力を持たない
天皇に協賛（同意）する機関	国会	国権の最高機関、唯一の立法機関
国務大臣は天皇を助ける（内閣については定めがない）	内閣	行政を進める機関
天皇の名の下に裁判をする	裁判所	独立した司法機関

各国の人権尊重の歩み

アメリカの奴隷制度の廃止

18世紀後半に独立したアメリカ（→14〜15ページ）は、西部へ領土を広げていきました。19世紀前半には、すべての白人男性に選挙権があたえられ、民主的な政治が確立しました。

しかし、西部の開拓によって先住民の居住地域がせばめられました。また、アフリカから連れてこられた黒人たちは奴隷として働かされていました。

やがて、北部に奴隷制を廃止しようとする動きが起こり、奴隷制を存続させようとする南部との間で南北戦争が起こりました。1863年に、北部のリンカン大統領が奴隷解放宣言を出し、戦争は北部の勝利に終わりました。南北戦争ののち、法律上は奴隷制度がなくなりましたが、学校や乗り物を区別されるなど、黒人への差別は続きました。

奴隷制がなくなっても、黒人差別はなくならなかったよ。

南北戦争（1861〜1865年）

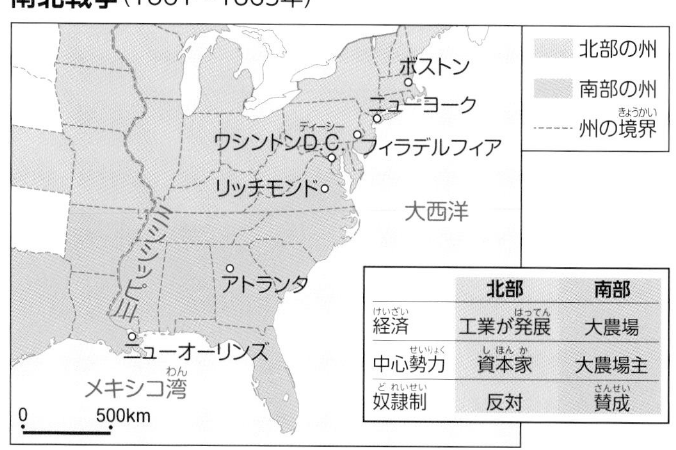

	北部	南部
経済	工業が発展	大農場
中心勢力	資本家	大農場主
奴隷制	反対	賛成

奴隷解放宣言に署名するリンカン大統領（1809〜65年）（左から3人目）。

公民権運動の高まり

第二次世界大戦後、1950年代半ばから、アメリカでは黒人の地位向上をめざす公民権運動がさかんになりました。その中心となったのがキング牧師です。キング牧師は、暴力にうったえずに行動することを唱え、1960年代に、人種差別を終わらせる公民権法の成立を果たしました。

公民権運動は、その後の女性解放運動やLGBTQ※の解放運動にも影響をおよぼしました。

※LGBTQ…レズビアン・ゲイ・バイセクシュアル・トランスジェンダー・クエスチョニング

公民権運動の指導者、キング牧師（1929〜68年）。1964年にノーベル平和賞を受賞。1968年に暗殺された。

第二次世界大戦後、各国で人権を尊重する動きが加速し、人権の保障が拡大されてきました。

敗戦国の新憲法

第二次世界大戦では、ドイツ、イタリア、日本という軍国主義の国が敗戦国となりました。これらの国では、世界を戦争に巻きこみ、多くの犠牲者を出したことへの反省から、戦後、新しい憲法が制定されました。

1948年に施行された「イタリア共和国憲法」は、個人の基本的人権の保障と市民の平等をうたっています。1949年制定の「ドイツ連邦共和国基本法」（憲法に当たる）では、基本的人権を尊重し、保護することが国の義務であると書かれています。

「イタリア共和国憲法」のおもな内容

イタリアは、労働に基礎を置く民主共和国である。

人権および基本的人権の保障、市民の平等。

すべての市民に労働の権利を認める。

「ドイツ連邦共和国基本法」のおもな内容

人権、平等を尊重する。

自由からの逃走の禁止（民主主義を否定する自由や権利は認めない）。

南アフリカ共和国の人種差別とのたたかい

南アフリカ共和国は、19世紀までイギリスの植民地でしたが、1910年に南アフリカ連邦という自治領となりました。その後、1961年にイギリス連邦を脱退しましたが、長い間、白人が黒人の権利をうばって支配するアパルトヘイトという人種隔離政策をとっていました。アパルトヘイトは国際社会から強く批判され、1969年には、国連総会でアパルトヘイトを非難する決議が採択されました。

1990年に白人のデクラーク大統領は、アパルトヘイトに反対して1964年から投獄されていたネルソン＝マンデラを釈放しました。これを機に、アパルトヘイト廃止の動きが進み、1991年に達成されました。1994年にはすべての人種による選挙が行われ、マンデラが大統領に選出されました。

1993年、アパルトヘイト廃止に功績のあったデクラークとマンデラは、そろってノーベル平和賞を受賞しました。

AFP＝時事

マンデラ大統領（右、1918～2013年）と、副大統領を務めたデクラーク（左、1936～2021年）。

社会的弱者の人権を守る

女性差別をなくし、ジェンダー平等をめざす

長い間、女性は政治や社会への参加を制限されてきました。そのため、1960年代から、女性を解放し、その地位を向上させようとする運動がアメリカ、フランス、ドイツ、日本などで起こりました。

これを受けて、国連は、1975年を国際婦人年とすることを決め、それからの10年間を国連婦人の10年として、世界各国、各機関、各団体が、女性の地位向上のための目標をかかげ、行動することを呼びかけました。

また、1979年には国連が「女子に対するあらゆる形態の差別撤廃に関する条約（女子差別撤廃条約）」を採択し、1981年に発効しました。男女それぞれの役割にもとづく差別などをなくし、男女平等をめざすものです。2010年には、ジェンダー（社会的性差）平等を進める活動を行う国連女性機関が発足しました。

Cynet Photo

女性に対する男性の暴力を非難する、女性たちのデモ（イタリア・ローマ）。

「女子差別撤廃条約」のおもな内容

女子に対するあらゆる差別をなくす。

各国は男女平等の原則を実現する法律をつくること。

各国は、個人、団体、企業が女子に対する差別をなくすようにすること。

各国は、女子への差別となる法律、規則、慣習を修正または廃止すること。

各国は、女子に対する差別となる刑罰規定を廃止すること。

先住民族の権利を守る

世界の人口のうち3億7000万人以上が先住民族だといわれています。過去に欧米の国々が植民地をつくったことなどにより、先住民族は住んでいた土地をうばわれ、文化を失ってきました。

国連では、1982年に国連先住民作業部会を発足させ、先住民族を保護する人権基準の開発に取り組みました。1995～2004年を世界の先住民の国際の10年とし、2007年には、「先住民族の権利に関する宣言」を採択しました。

J Mundy/Shutterstock.com

オーストラリアの先住民族、アボリジニ。

「先住民族の権利に関する宣言」のおもな内容

先住民族は、政治、経済、社会、文化の発展やその方法を自分たちで決められる。

先住民族は、土地や資源の返還を求める権利がある。

先住民族は、独自の言語で教育を行う権利がある。

国連を中心として、女性や子どもなど、社会的に弱い立場にある人たちの人権を守る動きがあります。

子どもの権利条約を採択

1959年、子どもにも子どもならではの権利があることを宣言する児童の権利宣言が、国連総会で採択されました。心身が発達する過程にある子どもの健全な成長、幸福、さまざまな権利を保障するものでした。

児童の権利宣言採択から20年目に当たる1979年は、国際児童年とされ、国際的に子どもの人権について考える機会となりました。さらに、児童の権利宣言を効力のあるものにするため、1989年、国連総会は、「子どもの権利条約」を採択し、翌年の1990年に、国際条約として発効しました。子どもの権利条約では、18歳未満の子どもについて、大人と同じように権利を持つと定め、弱い立場にある子どもならではの権利もあるとしています。

生きる権利(住む場所があり、医療を受けられるなど)

育つ権利(勉強、遊びなど、能力をじゅうぶんにのばしながら成長する)

守られる権利(紛争に巻きこまれず、暴力や有害な労働などから守られる)

参加する権利(自由に意見を発表し、団体をつくる)

出典：日本ユニセフ協会ホームページ
https://www.unicef.or.jp/about_unicef/about_rig.html

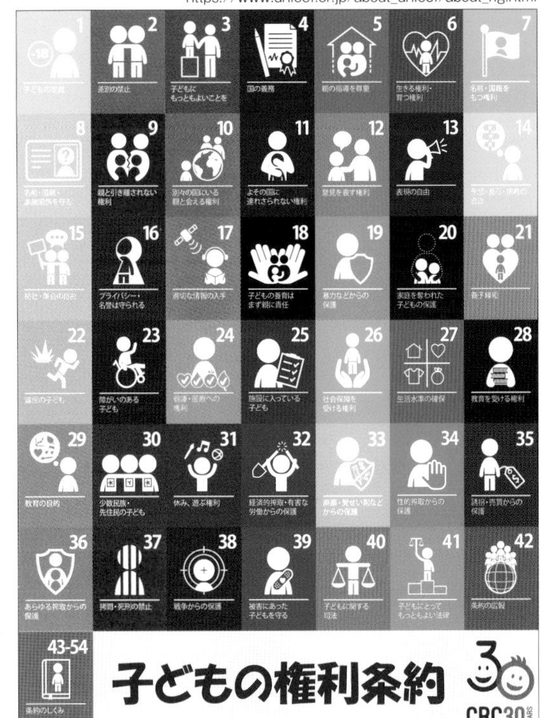

2019年、「子どもの権利条約」30周年に、各条文の内容をわかりやすくしたアイコンが決められた。

LGBTQ(レズビアン・ゲイ・バイセクシュアル・トランスジェンダー・クエスチョニング)の権利を守る

LGBTQなどの性的少数者は、差別や暴力の対象となることがありました。しかし、それを理由にした差別はまちがっているという考え方が起こり、じょじょにその権利を守る動きがとられています。

2010年、国連事務総長がLGBTの平等に関する演説で、世界各国で同性愛を犯罪としないこと、LGBTの人々に対する暴力や差別の解消に取り組むことを求めました。各国でも、同性婚を認める法律がつくられるなどの対応がされています。

Tony Marturano/Shutterstock.com

同性婚を認め、同性愛者の権利を保障する国が増えている。

社会の変化と新しい人権

新しい人権の登場

通信技術、医療など、科学技術が発達し、情報化が進んだことにより、社会や私たちの暮らしは大きく変化しています。日本国憲法が制定されたころにはなかった技術などが登場していることから、憲法が想定していなかった問題も生じています。これらの問題に対応するため、日本国憲法第13条の幸福追求権などの条文にもとづく、新しい人権が認められています。

新しい人権として、良好な環境の中で生活を営む「環境権」、政府や地方公共団体などが持つ情報に対する「知る権利」、自分に関することは自分で決める「自己決定権」、個人情報を勝手に知られない「プライバシーの権利」などが挙げられます（→1巻P30〜33）。

日本国憲法第13条

すべて国民は、個人として尊重される。生命、自由及び幸福追求に対する国民の権利については、公共の福祉に反しない限り、立法その他の国政の上で、最大の尊重を必要とする。

新しい人権の例〜環境権

工業が発達し、公害問題が起こる。 → 公害のない、よい環境で暮らす権利として環境権が認められる。

インターネットの普及による問題

1990年代からインターネットが広まり、今では私たちの暮らしに欠かせないものになっています。インターネットによって、たくさんの情報をすばやく入手でき、個人が情報を発信することができるようになりました。しかし、その半面で、個人情報が流出するおそれが増えたことや、情報のコピーや加工が簡単にできるようになったことで著作権がおかされるといった問題も起こっています。また、SNSに悪口を書いたり、ネット上でうそを広めたりするなど、悪意のある行為も行われるようになりました。

このような人権侵害には、罰則を設けるといった法律の整備などの対応が必要です。

インターネットによる人権侵害

他人の個人情報を勝手に流す。

SNSに悪口、いやがらせを書きこむ。

うその情報を広める。

著作権のある絵や写真を公開する。

社会が変化するにつれて、憲法が想定していなかった新しい人権が認められるようになってきています。

忘れられる権利

インターネットで、一度掲示板などに情報が書きこまれてしまうと、インターネット上からその書きこみを完全に消すことは難しく、長い間その情報が信じられてしまい、個人を傷つけてしまうことがあります。そこで、このような情報は、一定の期間が過ぎたらインターネットから消し去る、「忘れられる権利」が主張されています。

「過去の犯罪歴がインターネット上で検索できるようになっているので消してほしい」とうったえた裁判では、2017年、最高裁判所が、これを認めないという判決を出しました。個人情報を勝手に公開されないプライバシーの権利と検索サービスの社会的な役割とを比較して、検索サービスの役割のほうが重要という判断をしたのです。

犯罪被害者の人権を守る

犯罪加害者は、逮捕されて裁判になる場合も、法律によって人権が守られています。それに対して、犯罪にあった被害者は心身に被害を受けるうえに、報道で名前などが公開されたり、その後も周りの人々のうわさなどで精神的苦痛を感じたりします。また被害者の家族も、働き手を失って収入が減るなど、生活に困ることもあります。

犯罪被害者の人権を守るため、2004年に犯罪被害者等基本法などの法律が制定されています。

同性婚は認められる?

日本国憲法は、結婚は男女がするものという前提でつくられているため、日本では同性のカップルは婚姻届を出すことができません。男女の夫婦であれば、結婚によって、税金面などで優遇されたり、遺産の相続が認められたりします。しかし、同性カップルにそれが認められないのは差別ではないかという考えがあります。

2021年、札幌地方裁判所は、同性の結婚を認めない制度は、憲法違反であるという判断を示しました。

今もあるさまざまな人権問題

さまざまな人権問題

多くの人々の努力によって、基本的人権を尊重すべきだという考えが、原則とされるようになりました。

しかし、先進国にも開発途上国にも、まだまだ基本的人権がおかされる事例はたくさんあります。昔からあった、男女の不平等、人種や民族間の差別、子どもや高齢者、障がい者などが不利益を受けることもなくなっていません。

また、社会のようすが変わってきたことで、新しい人権問題も起こっています。

ここに挙げた人権問題は、どれもあってはならないことです。このような問題が起こる原因や解決策を考えてみましょう。

長い時間をかけて、人権の範囲が広がってきましたが、今も多くの人権問題があります。

ちがう宗教を信仰する人への差別。

障がい者や病気の人への差別や不平等。

性的指向についての問題

体と心の性が一致しない人が苦しむ。

LGBTQ(レズビアン・ゲイ・バイセクシュアル・トランスジェンダー・クエスチョニング)が、からかわれたり、さけられたりする。

犯罪や裁判についての問題

無実の人が罰せられる。

罪をつぐなったのに仕事につけない。

犯罪被害者がマスコミなどにつきまとわれる。

SDGsと人権

SDGsをふくむ「2030アジェンダ」と人権

SDGs（持続可能な開発目標）は、世界のさまざまな問題を解決し、私たちが持続して豊かに暮らしていくため、2015年に国連で採択されました。2030年までに達成すべき17の目標です。

SDGsは、「持続可能な開発のための2030アジェンダ（2030アジェンダ）」にふくまれた目標です。2030アジェンダでは、人権のことについてふれられています。

また、2030アジェンダやSDGsは、1948年に国連で採択された世界人権宣言の考え方を基礎としています。これらの関係をふまえると、SDGsが人権と深い関わりがあることがわかるでしょう。

2030アジェンダ

前文

17の持続可能な開発のための目標（SDGs）と、169のターゲットは、（中略）すべての人々の人権を実現し、ジェンダー平等とすべての女性と女児の能力強化を達成することをめざす。

2030年までに以下のことを行うことを決意する。あらゆる貧困と飢餓に終止符を打つこと。国内的・国際的な不平等と戦うこと。平和で、公正かつ包摂的な社会をうち立てること。人権を保護しジェンダー平等と女性・女児の能力強化を進めること。

我々は、人権、人の尊厳、法の支配、正義、平等および差別のないことに対して普遍的な尊重がなされる世界を思いえがく。人種、民族および文化的多様性に対して尊重がなされる世界。（中略）すべての子どもが暴力および搾取から解放される世界。すべての女性と女児が完全なジェンダー平等を享受し、その能力強化をはばむ法的、社会的、経済的な障害が取り除かれる世界。

2030アジェンダ

前文

宣言

17の目標
169のターゲット

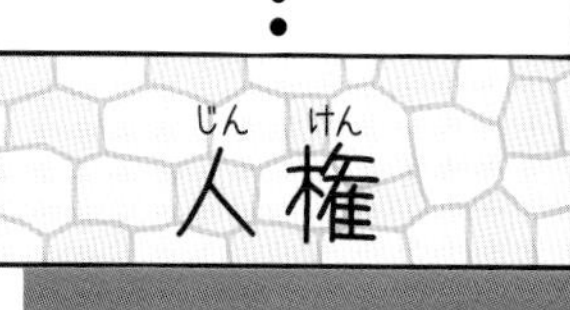

SDGsの17の目標

私たちが目標とするSDGsも、世界人権宣言など、人権についての長い歩みにつながっています。

Studio Romantic/Shutterstock.com

我々は、世界人権宣言およびその他の人権に関する国際文書並びに国際法の重要性を確認する。我々は、すべての国が国連憲章に則り、人種、はだの色、性別、言語、宗教、政治もしくは信条、国籍もしくは社会的出自、貧富、出生、障がいなどのちがいに関係なく、すべての人の人権と基本的な自由の尊重、保護および促進責任を有することを強調する。

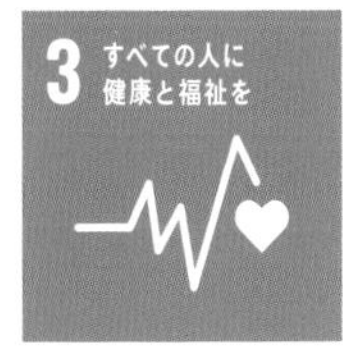

世界人権宣言

基本的人権、人間の尊厳と価値、男女同権を確認する。

すべての人は生まれながらにして自由で、尊厳と権利について平等である。

すべて人は、人種、皮膚の色、性、言語、宗教、政治上その他の意見、国民的もしくは社会的出身、財産、門地などいかなる理由でも差別を受けることがない。

(→20-21ページ)

世界人権宣言では、「すべての人に権利がある」といっています。この精神は、SDGsの「だれひとり取り残さない」に受けつがれています。

まとめ

人権の歴史

この巻で学んだことをまとめておこう!

年代	人権に関わるできごと 世界のできごと		日本のできごと
紀元前539年	キュロス大王が世界初の人権宣言(古代ペルシャ)		
1215年	「マグナ＝カルタ」(イギリス)		
16～18世紀	多くのアフリカ原住民が アメリカへ奴隷として連れ去られる		
1628年	「権利の請願」(イギリス)	ピューリタン革命(1640～1660年)	
1689年	「権利の章典」(イギリス)		
17～18世紀	啓蒙思想(ロック、モンテスキュー、ルソーら)		
1776年	「バージニア権利章典」(アメリカ植民地) アメリカ独立宣言(アメリカ)	アメリカ独立革命(1775～1783年)	
1789年	フランス人権宣言(フランス)	フランス革命(1789～1799年)	
1863年	奴隷解放宣言(アメリカ)	南北戦争(アメリカ)(1861～1865年)	
1874年			自由民権運動が始まる
1889年		第一次世界大戦(1914～1918年)	大日本帝国憲法を制定
1919年	ワイマール憲法(ドイツ)		
1922年			全国水平社結成
1925年		第二次世界大戦(1939～1945年)	普通選挙法
1945年			終戦、人権指令
1947年			日本国憲法施行
1948年	国連、世界人権宣言を採択		
1959年	国連、児童の権利宣言を採択		
1979年	国連、女子差別撤廃条約を採択		
1989年	国連、子どもの権利条約を採択		
1991年	アパルトヘイトを廃止(南アフリカ共和国)		
2007年	国連、先住民族の権利に関する宣言を採択		
2010年	国連事務総長、LGBTの平等に関する演説		
2015年	国連、2030アジェンダ、SDGsを採択		

人権を拡大するための長い道のりがあったね。

さくいん

きみを強くする人権とSDGsの本

2 調べよう！人権の歴史

監修 伊藤賀一（いとう・がいち）

1972年京都府生まれ。東進ハイスクールなど、多数の映像講座、予備校、塾、高校などの講師を経て、リクルート「スタディサプリ」日本史・倫理・政経・現社・歴史総合・公共地理・歴史・公民の9科を担当。43歳で早稲田大学教育学部に入学するなどずっと学びを続けている。司法試験予備校やシニア施設、全国各地の社会人向けカルチャースクールの教壇にも立つほか、ラジオパーソナリティやプロレスのリングアナウンサーとしても活躍。著書・監修書は50冊以上。

ブックデザイン　高橋コウイチ（WF）
企画・編集　山岸都芳・増田秀彰（小峰書店）
編集協力　大悠社
表紙イラスト　すぎうらあきら
イラスト　すぎうらあきら、川下隆
図版　アトリエ・プラン

2022年4月9日　第1刷発行
2023年3月9日　第2刷発行

監修者　伊藤賀一
発行者　小峰広一郎
発行所　株式会社 小峰書店
〒162-0066 東京都新宿区市谷台町4-15
電話 03-3357-3521 FAX 03-3357-1027
https://www.komineshoten.co.jp/

印刷　株式会社 三秀舎
製本　株式会社 松岳社

NDC360　39P　29×22cm
ISBN978-4-338-35302-1

参考文献

●伊藤賀一『くわしい 中学公民』（文英堂）●横藤田誠・中坂恵美子『人権入門［第4版］』（法律文化社）●横田洋三編『新国際人権入門 SDGs時代における展開』（法律文化社）●一般財団法人アジア・太平洋人権情報センター編『人権ってなんだろう？』（解放出版社）●杉原泰雄『岩波市民大学 人間の歴史を考える7 人権の歴史』（岩波書店）●上田正昭編『人権歴史年表』（山川出版社）●秋定嘉和・安達五男・井上満郎・川嶋将生・寺木伸明・渡辺俊雄『人権の歴史（改訂版）ー同和教育指導の手引ー』（山川出版社）●池上彰監修『ライブ！現代社会 2021』（帝国書院）●矢倉芳則・村田尋如監修『新訂第2版　倫理資料集』（清水書院）●ニュース解説室へようこそ！編集委員会編『ニュース解説室へようこそ！　2021-22』（清水書院）●ミシェリン・R・イシェイ著　横田洋三監訳　滝澤美佐子・富田麻理・望月康恵・吉村祥子訳『人権の歴史　古代からグローバリゼーションの時代まで』（明石書店）●オレリア・ミシェル著　児玉しおり訳『黒人と白人の世界史』（明石書店）●W・S・マッケクニ著　禿氏好文訳『マグナ・カルターイギリス封建制度の法と歴史ー』（ミネルヴァ書房）●戒能通弘・竹村和也『イギリス法入門ー歴史、社会、法思想から見る』（法律文化社）●南博、稲場雅紀『SDGsー危機の時代の羅針盤』（岩波書店）●蟹江憲史監修、一般社団法人Think the Earth編著『未来を変える目標 SDGsアイデアブック』（紀伊國屋書店）●池上彰監修『世界がぐっと近くなる SDGsとボクらをつなぐ本』（学研プラス）●特定非営利活動法人ReBit監修『「ふつう」ってなんだ？ LGBTについて知る本』（学研プラス）●秋山宏次郎監修、バウンド著『こどもSDGs なぜSDGsが必要なのかがわかる本』（カンゼン）